Impressum
Verlag: BABADADA GmbH, Nedderfeld 112 , 22529 Hamburg
Geschäftsführer / Verlagsleitung: Harald Hof
Druck: Books on Demand GmbH, In de Tarpen 42, 22848 Norderstedt

Imprint
Publisher: BABADADA GmbH, Nedderfeld 112 , 22529 Hamburg, Germany
Managing Director / Publishing direction: Harald Hof
Print: Books on Demand GmbH, In de Tarpen 42, 22848 Norderstedt, Germany

la escuela
škola

dividir
dělit

186/2

la pizarra
tabule

el aula
třída

el patio
školní hřiště

el maestro/a
učitel

el papel
papír

escribir
psát

el bolígrafo
pero

el escritoria
psací stůl

la regla
pravítko

el libro
kniha

el alumno/a
žák

la cartera

aktovka

la caja de lápices

penál

el lápiz

tužka

el sacapuntas

ořezávátko

la goma de borrar

guma

el cuaderno de dibujo

blok na kreslení

el dibujo

výkres

el pincel

štětec

la caja de pinturas

malířské potřeby

las tijeras

nůžky

el pegamento

lepidlo

el cuaderno de ejercicios

cvičebnice

los deberes

domácí úkol

12

el número

počet

2+2

sumar

sčítat

5-2

restar

odčítat

2×2

multiplicar

násobit

calcular

počítat

A

la letra

písmeno

ABCDEFG
HIJKLMN
OPQRSTU
VWXYZ

el alfabeto

abeceda

hello

la palabra

slovo

el texto

text

leer

číst

la tiza

křída

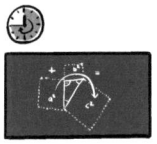

la lección

hodina

el cuaderno de notas

třídní kniha

el examen

zkouška

el certificado

vysvědčení

el uniforme

školní uniforma

la educación

vzdělání

la enciclopedia

encyklopedie

la universidad

univerzita

el microscopio

mikroskop

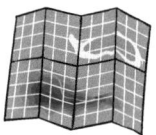

el mapa

karta

la papelera

odpadkový koš na papír

el viaje
cesta

el hotel
hotel
Grand
el albergue
ubytovna
ROOMS
ficina de cambio de divisas
ěnárna
CHANGE
la maleta
kufr
el coche
auto

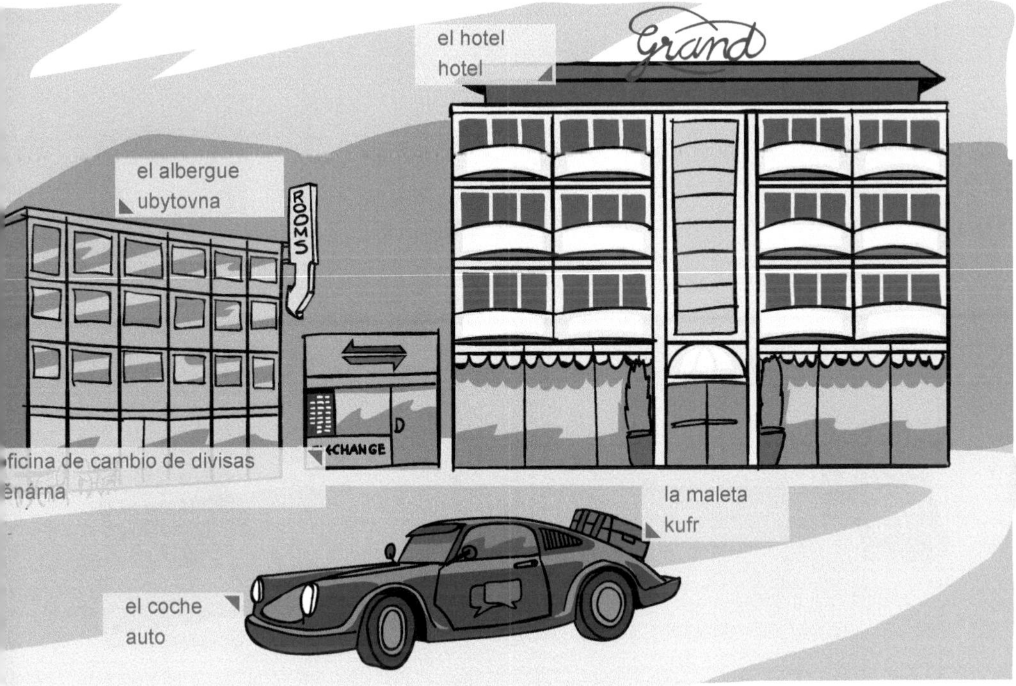

el idioma

jazyk

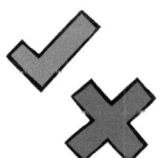

sí / no

ano / ne

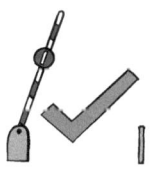

Vale

oukej

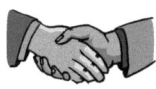

hola

Ahoj!

el traductor

překladatel

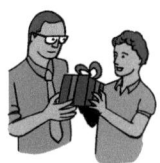

Gracias

děkuji

¿cuánto es...?

Kolik stojí...?

No entiendo

nerozumím

el problema

problém

¡Buenas tardes!

Dobrý večer!

¡Buenos días!

Dobré ráno!

¡Buenas noches!

Dobrou noc!

adiós

na shledanou

la dirección

směr

el equipaje

zavazadlo

la bolsa

taška

la mochila

batoh

el invitado

host

la habitación

pokoj

el saco de dormir

spací pytel

la tienda de campaña

stan

la información turística

turistické informace

la playa

pláž

la tarjeta de crédito

kreditní karta

el desayuno

snídaně

el almuerzo

oběd

la cena

večeře

el billete

jízdenka

el ascensor

výtah

el sello

poštovní známka

la frontera

hranice

la aduana

clo

la embajada

poselství

la visa

vízum

el pasaporte

pas

el viaje - cesta

el transporte

transport

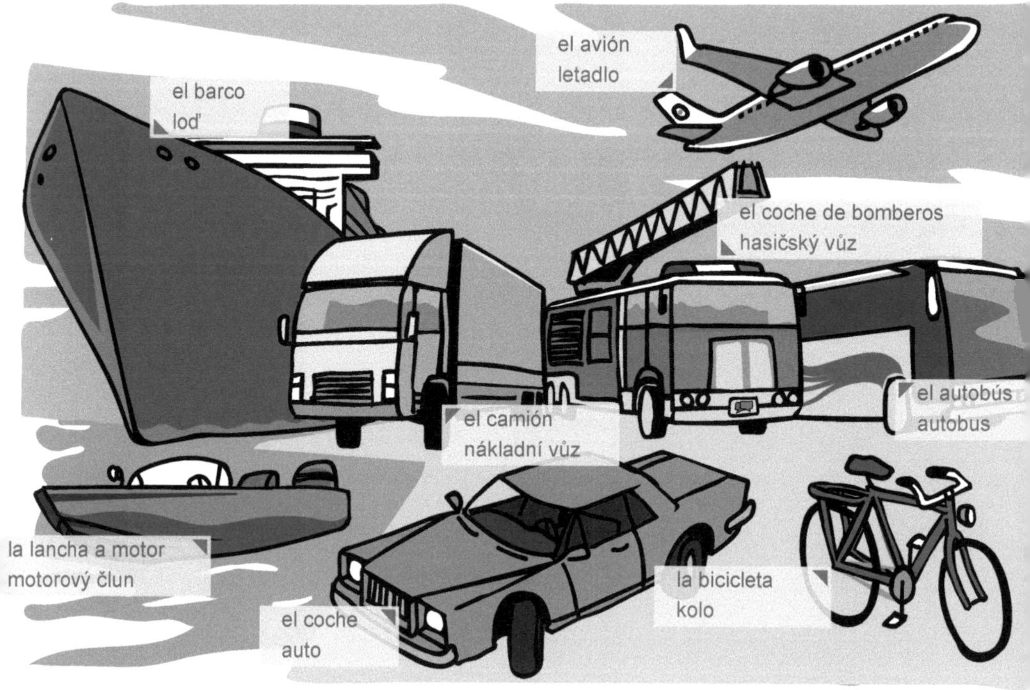
el avión
letadlo
el barco
loď
el coche de bomberos
hasičský vůz
el autobús
autobus
el camión
nákladní vůz
la lancha a motor
motorový člun
la bicicleta
kolo
el coche
auto

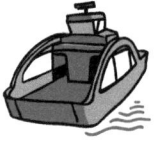

el transbordador

přívoz

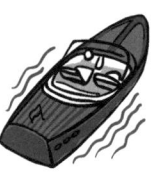

la barca

člun

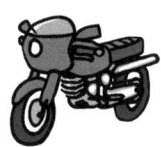

la moto

motorka

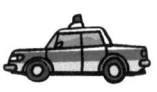

el coche de policía

policejní auto

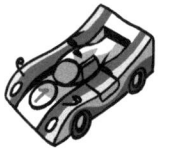

el coche de carreras

závodní auto

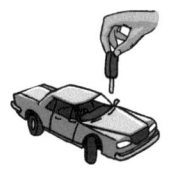

el coche de alquiler

pronajaté auto

el préstamo de vehículos

sdílení aut

la grúa

odtahová služba

el camión de la basura

popelářský vůz

el motor

motor

la gasolina

palivo

la gasolinera

čerpací stanice

la señal de tráfico

dopravní značka

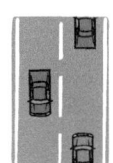

el tráfico

doprava

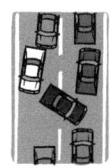

el atasco

dopravní zácpa

el aparcamiento

parkoviště

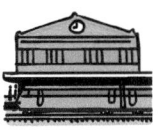

la estación de tren

vlakové nádraží

las vías

koleje

el tren

vlak

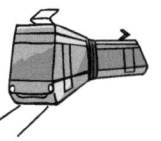

el tranvía

tramvaj

el vagón

vagón

el helicóptero

helikoptéra

el aeropuerto

letiště

la torre

věž

el pasajero

pasažér

el contenedor

kontejner

la caja de cartón

kartón

la carretilla

trakař

la cesta

koš

despegar / aterrizar

vzlétnout / přistát

la ciudad
město

el pueblo

vesnice

el centro de la ciudad

střed města

la casa

dům

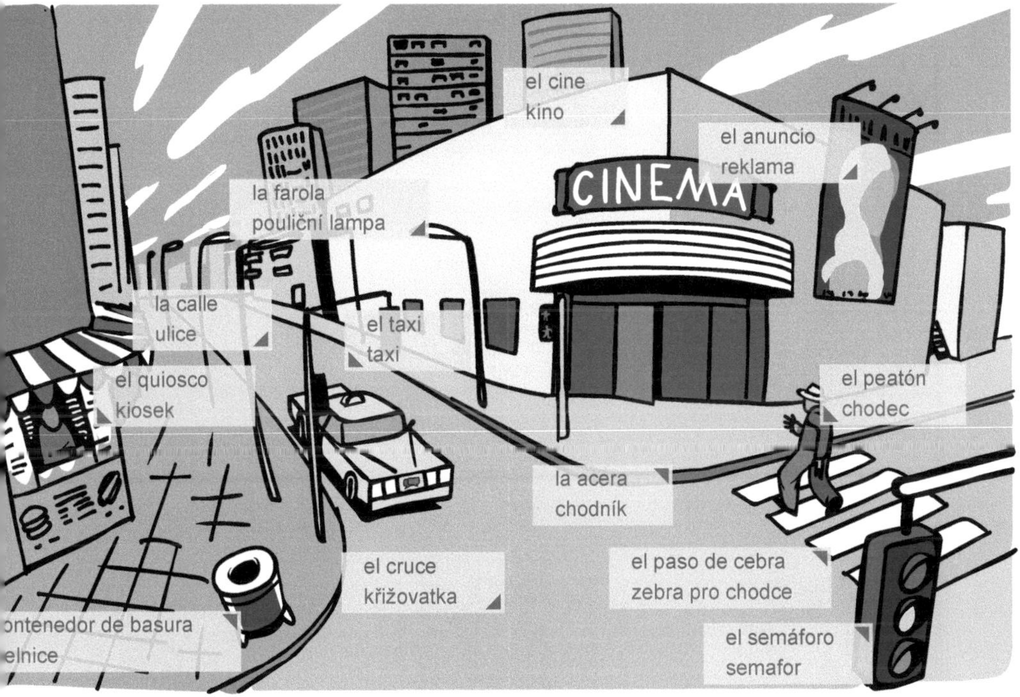

el cine
kino
el anuncio
reklama
CINEMA
la farola
pouliční lampa
la calle
ulice
el taxi
taxi
el quiosco
kiosek
el peatón
chodec
la acera
chodník
el cruce
křižovatka
el paso de cebra
zebra pro chodce
ontenedor de basura
elnice
el semáforo
semafor

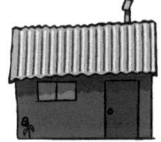

la cabaña

chata

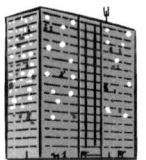

el apartamento

byt

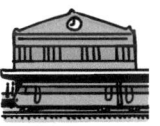

la estación de tren

vlakové nádraží

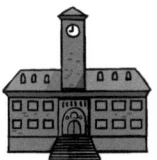

el ayuntamiento

radnice

MUSEUM

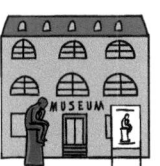

el museo

muzeum

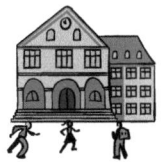

la escuela

škola

la universidad

univerzita

el banco

banka

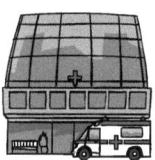

el hospital

nemocnice

el hotel

hotel

la farmacia

lékárna

la oficina

kancelář

la librería

knihkupectví

la tienda de campaña

obchod

la floristería

květinářství

el supermercado

supermarket

el mercado

tržnice

los grandes almacenes

obchodní dům

la pescadería

rybárna

el centro comercial

nákupní centrum

el puerto

přístav

el parque

park

el banco

lavička

el puente

most

las escaleras

schody

el metro

metro

el túnel

tunel

la parada de autobús

autobusová zastávka

el bar

bar

el restaurante

restaurace

el buzón

poštovní schránka

el poste indicador

pouliční tabule

el parquímetro

parkovací hodiny

el zoo

zoo

la piscina

plovárna

la mezquita

mešita

la granja
usedlost

la contaminación
znečišťování životního prostředí

el cementerio
hřbitov

la iglesia
církev

el patio de juego
hřiště

el templo
chrám

el paisaje
krajina

la hoja
list

la señal
rozcestník

el camino
cesta

el prado
louka

la piedra
kámen

el excursionista
turista

el árbol
strom

el río
řeka

la hierba
tráva

la flor
květina

el paisaje - krajina

el valle

údolí

la colina

hora

el lago

jezero

el bosque

les

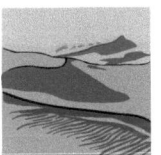

el desierto

poušť

el volcán

sopka

el castillo

zámek

el arcoíris

duha

el champiñón

houba

la palmera

palma

el mosquito

komár

la mosca

moucha

la hormiga

mravenec

la abeja

včela

la araña

pavouk

el escarabajo

brouk

la rana

žába

la ardilla

veverka

el erizo

ježek

la liebre

zajíc

la lechuza

sova

el pájaro

pták

el cisne

labuť

el jabalí

divoké prase

el ciervo

jelen

el alce

los

la presa

přehrada

la turbina eólica

větrné kolo

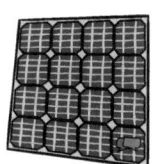

el panel solar

solární panel

el clima

podnebí

el restaurante
restaurace

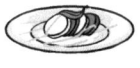

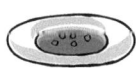

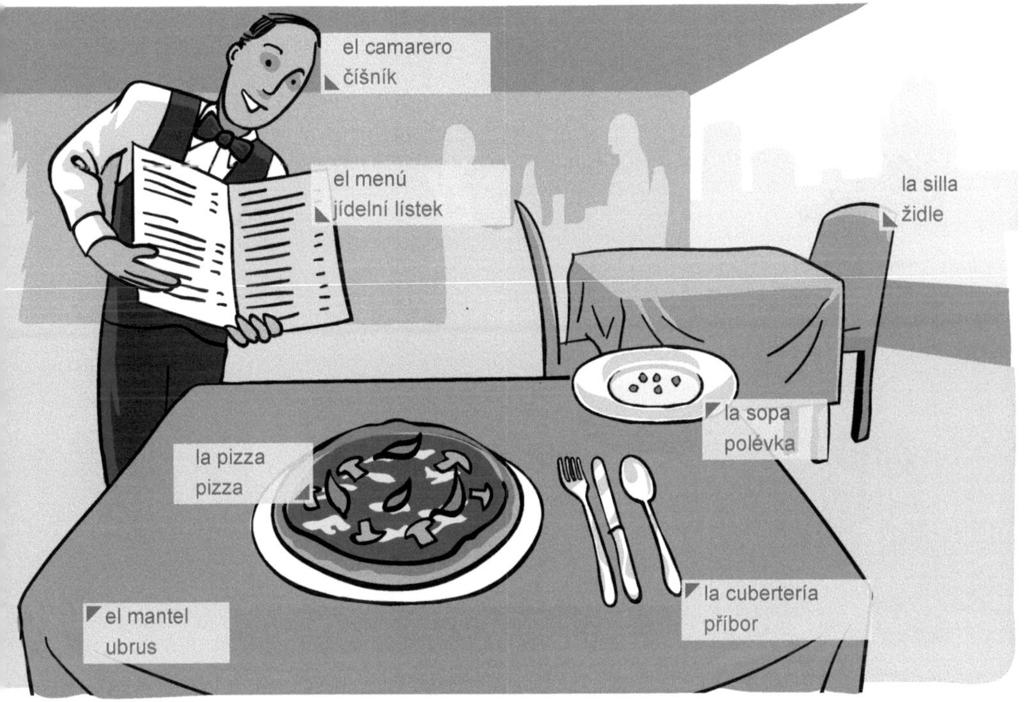
el camarero
číšník
el menú
jídelní lístek
la silla
židle
la sopa
polévka
la pizza
pizza
la cubertería
příbor
el mantel
ubrus

el primer plato

předkrm

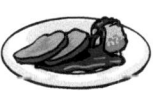

el plato principal

hlavní chod

el postre

dezert

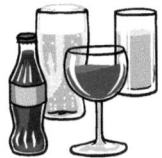

las bebidas

nápoje

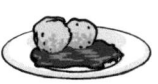

la comida

jídlo

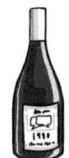

la botella

láhev

la comida rápida

rychlé občerstvení

la comida callejera

pouliční občerstvení

la tetera

čajová konvice

el azucarero

cukřenka

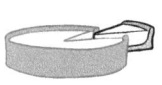

la porción

porce

la cafetera expreso

kávovar na espresso

la trona

dětská stolička

la cuenta

faktura

la bandeja

tác

el cuchillo

nůž

el tenedor

vidlička

la cuchara

lžíce

la cucharilla

čajová lyžička

la servilleta

ubrousek

el vaso

sklenička

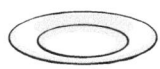

el plato

talíř

el plato hondo

talíř na polévku

el platillo

podšálek

la salsa

omáčka

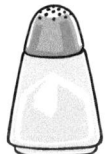

el salero

slánka

el molinillo de pimienta

mlýnek na pepř

el vinagre

ocet

el aceite

olej

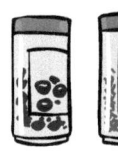

las especias

koření

el ketchup

kečup

la mostaza

hořčice

la mayonesa

majonéza

el supermercado
supermarket

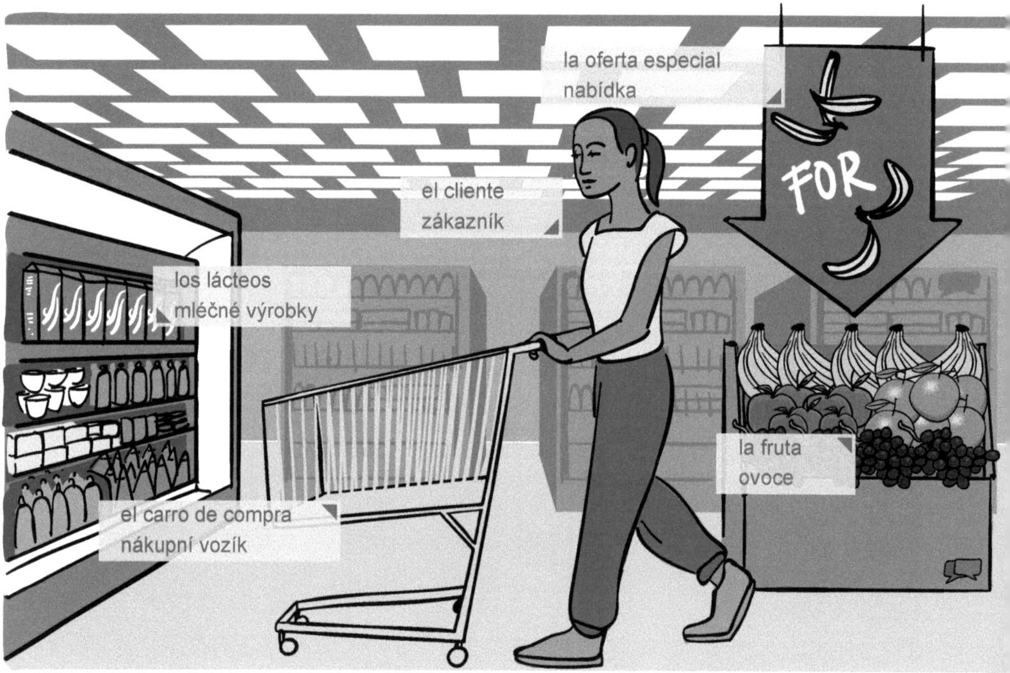

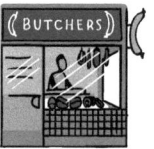

la oferta especial
nabídka
FOR
el cliente
zákazník
los lácteos
mléčné výrobky
la fruta
ovoce
el carro de compra
nákupní vozík

BUTCHERS

la carniceria

masna

BAKERY

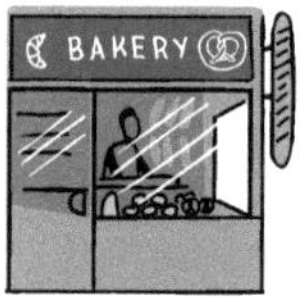

la panadería

pekařství

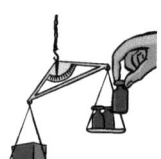

pesar

vážit

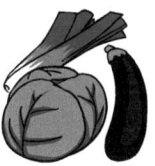

las verduras

zelenina

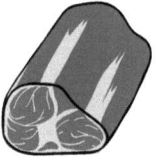

la carne

maso

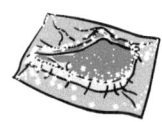

los alimentos congelados

mražené potraviny

los fiambres

obložený talíř

las conservas

konzervy

el detergente en polvo

prací prášek

los dulces

cukrovinky

productos de uso doméstico

výrobky pro domácnost

productos de limpieza

čisticí prostředek

la vendedora

prodavačka

la caja de cartón

pokladna

el cajero

pokladní

la lista de la compra

nákupní seznam

el horario de atención al
público

otevírací doba

la cartera

peněženka

la tarjeta de crédito

kreditní karta

la bolsa de plástico

taška

la bolsa de plástico

igelitová taška

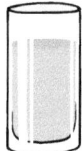

el agua

voda

el zumo

džus

la leche

mléko

la cola

kola

el vino

víno

la cerveza

pivo

el alcohol

alkohol

el cacao

kakao

el té

čaj

el café

káva

el expreso

espresso

el capuchino

kapučíno

el plátano

banán

la manzana

jablko

la naranja

pomeranč

el melón

meloun

el limón

citrón

la zanahoria

mrkev

el ajo

česnek

el bambú

bambus

la cebolla

cibule

el champiñón

houba

las avellanas

ořechy

los fideos

těstoviny

las espagueti

špageti

el arroz

rýže

la ensalada

salát

las patatas fritas

hranolky

las patatas fritas

americké brambory

la pizza

pizza

la hamburguesa

hamburger

el sándwich

sendvič

el filete

řízek

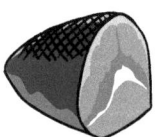

el jamón

šunka

le salami

salám

la salchicha

salám

el pollo

kuře

el asado

pečeně

el pescado

ryby

los copos de avena

ovesné vločky

el muesli

müsli

los copos de maíz

vločky

la harina

mouka

el cruasán

croissant

el panecillo

houska

el pan

chléb

la tostada

toast

las galletas

sušenky

la mantequilla

máslo

la cuajada

tvaroh

el pastel

buchta

el huevo

vejce

el huevo frito

volské oko

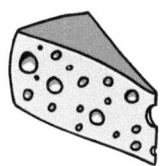

el queso

sýr

el helado

zmrzlina

el azúcar

cukr

la miel

med

la mermelada

marmeláda

la crema de turrón

nugátový krém

el curry

kari

la granja
usedlost

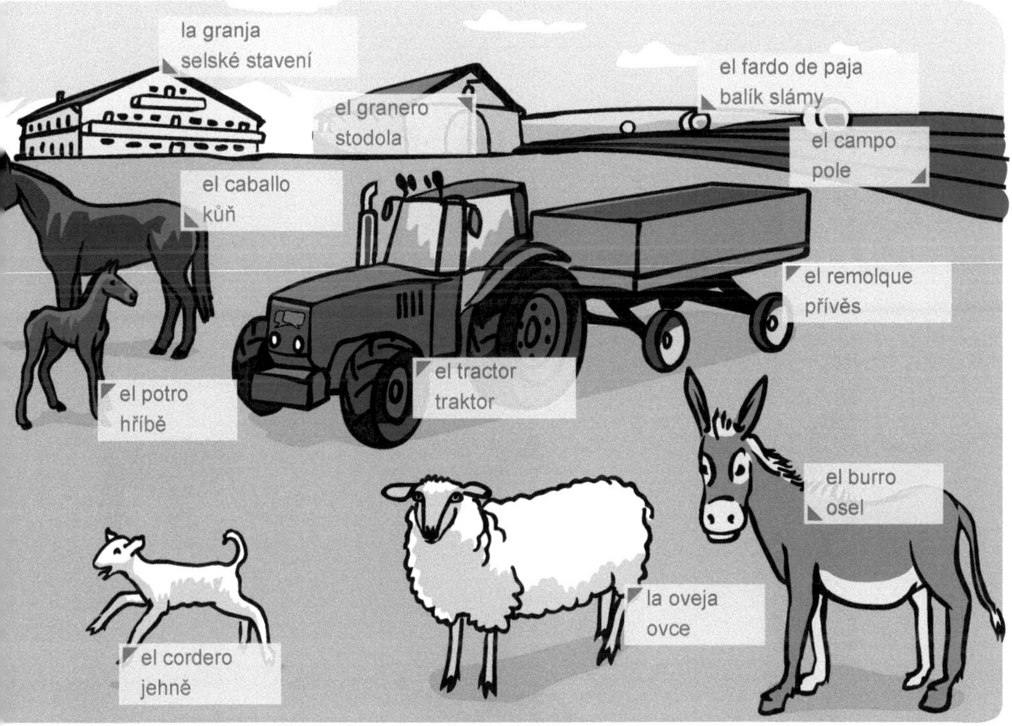
la granja
selské stavení
el granero
stodola
el fardo de paja
balík slámy
el campo
pole
el caballo
kůň
el remolque
přívěs
el potro
hříbě
el tractor
traktor
el burro
osel
la oveja
ovce
el cordero
jehně

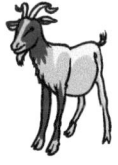

la cabra

koza

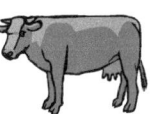

la vaca

kráva

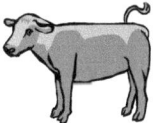

el ternero

tele

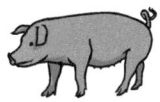

el cerdo

prase

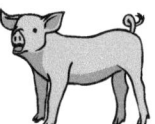

el cerdito

sele

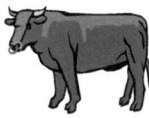

el toro

býk

el ganso

husa

el pato

kachna

el pollo

kuře

la gallina

slepice

el gallo

kohout

la rata

krysa

el gato

kočka

el ratón

myš

el buey

vůl

el perro

pes

la perrera

psí bouda

la manguera

zahradní hadice

la regadera

kropicí konev

la guadaña

kosa

el arado

pluh

la hoz

srp

la azada

motyka

la horca

vidle

el hacha

sekera

la carretilla

kolecko

el abrevadero

koryto

la lechera

konev na mléko

el saco

pytel

la valla

plot

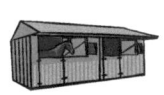

el establo

stáj

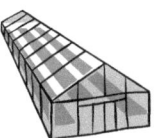

el invernadero

skleník

el suelo

půda

la semilla

osivo

el fertilizador

hnojivo

la cosechadora

kombajn

cosechar

sklidit

la cosecha

sklizeň

el ñame

smldinec

el trigo

pšenice

el soja

sója

la patata

brambora

el maíz

kukuřice

la semilla de colza

řepka

el árbol frutal

ovocný strom

la mandioca

maniok

las cereales

obilí

la casa
dům

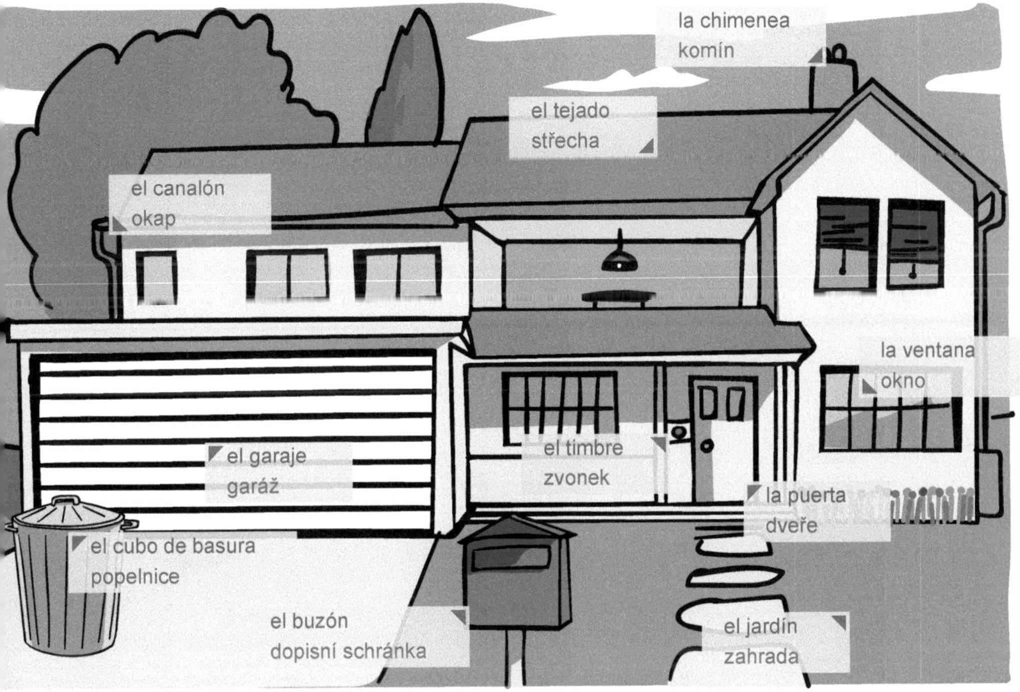
la chimenea
komín
el tejado
střecha
el canalón
okap
la ventana
okno
el garaje
garáž
el timbre
zvonek
la puerta
dveře
el cubo de basura
popelnice
el buzón
dopisní schránka
el jardín
zahrada

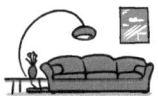

la sala

obývací pokoj

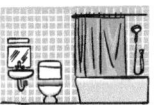

el cuarto de baño

koupelna

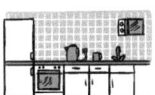

la cocina

kuchyně

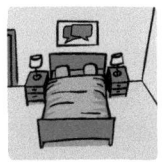

el dormitorio

ložnice

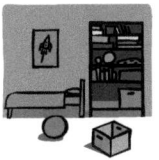

la habitación de los niños

dětský pokoj

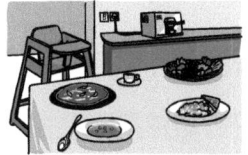

el comedor

jídelna

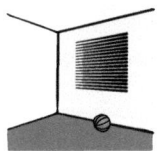

el suelo

podlaha

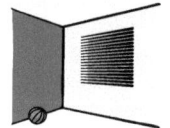

la pared

zeď

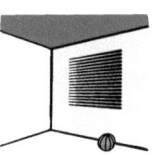

el techo

deka

el sótano

sklep

la sauna

sauna

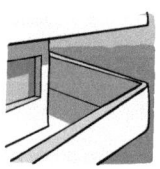

el balcón

balkón

la terraza

terasa

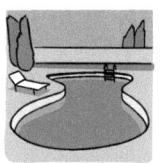

la piscina

bazén

el cortacésped

sekačka na trávu

la sábana

ložní prádlo

la colcha

lůžková přikrývka

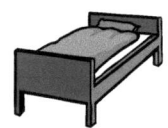

la cama

postel

la escoba

smeták

el balde

kýbl

el interruptor

vypínač

la sala
obývací pokoj

el papel pintado
tapeta
la imagen
obrázek
la lámpara
žárovka
el estante
police
el armario
skříň
la televisión
televizor
la chimenea
komín
la flor
květina
el cojín
polštář
el sofá
gauč
el jarrón
váza
el mando a distancia
dálkový ovladač

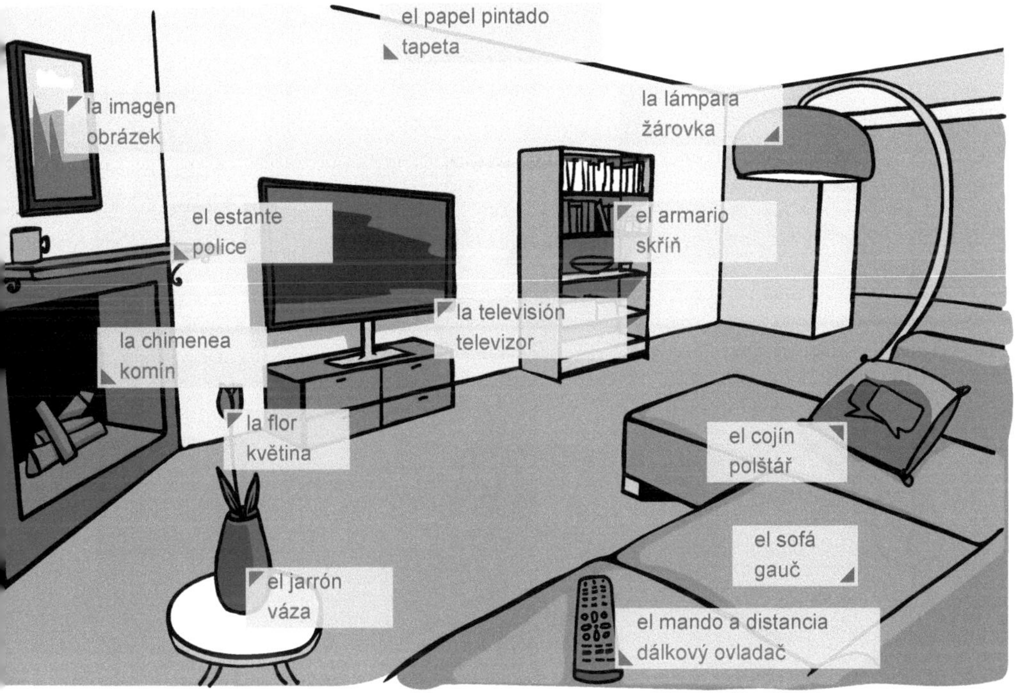

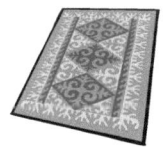

la alfombra

koberec

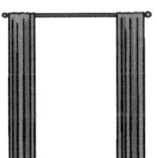

la cortina

závěs

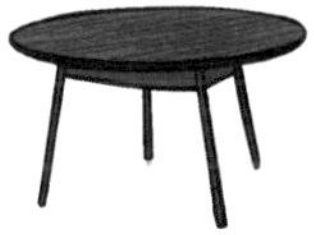

la mesa

stůl

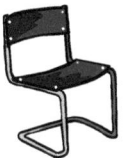

la silla

židle

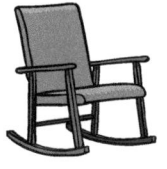

el mecedora

houpací křeslo

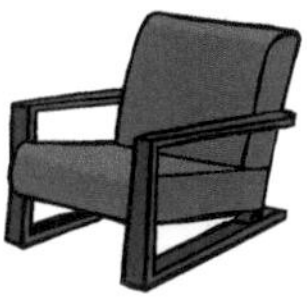

la butaca

křeslo

el libro

kniha

la manta

strop

la decoración

ozdoba

la leña

palivové dříví

la película

film

el equipo de música

stereo souprava

la llave

klíč

el periódico

noviny

la pintura

malba

el póster

plakát

la radio

rádio

el cuaderno

poznámkový blok

la aspiradora

vysavač

el cactus

kaktus

la vela

svíce

la cocina
kuchyně

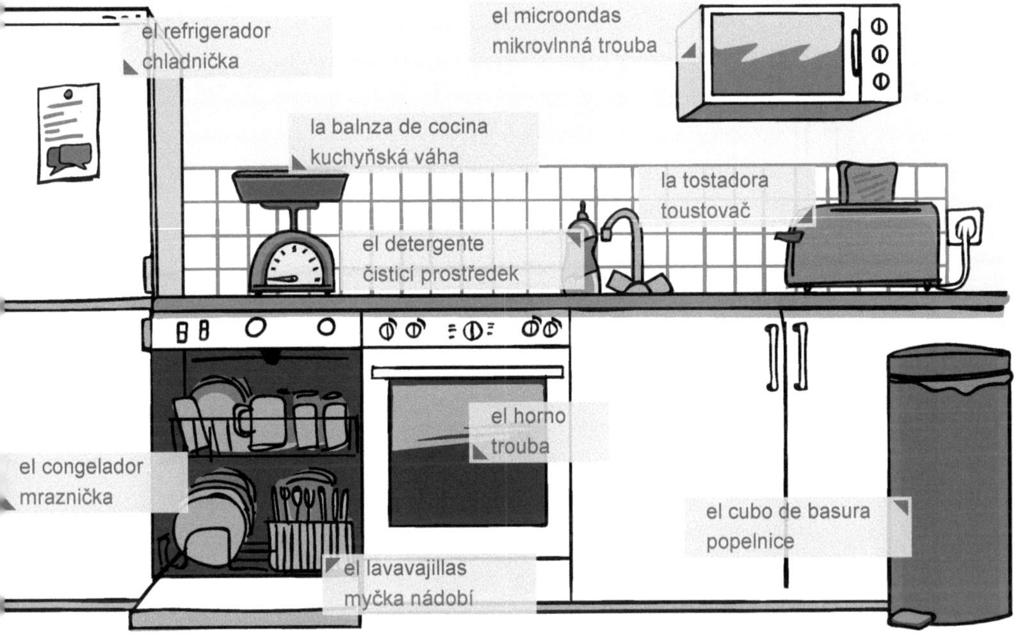
el refrigerador
chladnička
el microondas
mikrovlnná trouba
la balnza de cocina
kuchyňská váha
la tostadora
toustovač
el detergente
čisticí prostředek
el horno
trouba
el congelador
mraznička
el cubo de basura
popelnice
el lavavajillas
myčka nádobí

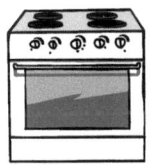

la olla a presión
....
sporák

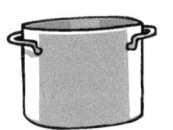

la olla
....
hrnec

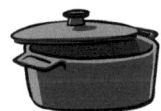

la olla de hierro fundido
....
litinový hrnec

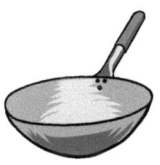

el wok
....
wok / kadai

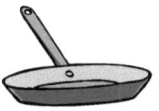

la cazuela
....
pánev

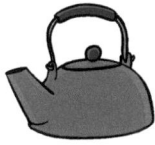

el hervidor
....
varná konvice

la vaporera

parní hrnec

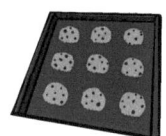

la chapa de horno

plech na pečení

la vajilla

nádobí

la taza

hrnek

el tazón

miska

los palillos

jídelní hůlky

el cucharón

naběračka

la espumadera

obracečka

el batidor

metla

el colador

síto

el cedazo

cedník

el rallador

struhadlo

el mortero

hmoždíř

la barbacoa

gril

la hoguera

ohniště

la tabla de picar

prkénko na krájení

el rodillo

váleček na těsto

el sacacorchos

vývrtka

la lata

dóza

el abrelatas

otvírák na konzervy

el agarrador

chňapka

el lavabo

umyvadlo

el cepillo

kartáč na nádobí

la esponja

houba

la batidora

mixér

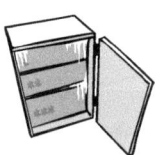

el congelador

mrazák

el biberón

dětská lahev

el grifo

kohoutek

el cuarto de baño
koupelna

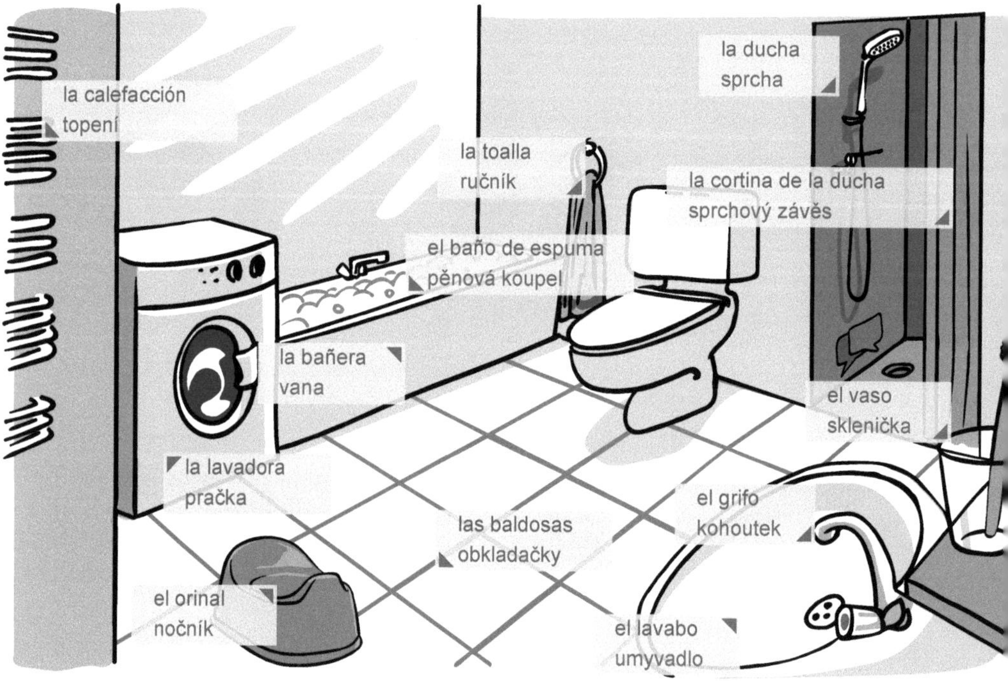
la calefacción
topení
la toalla
ručník
la ducha
sprcha
la cortina de la ducha
sprchový závěs
el baño de espuma
pěnová koupel
la bañera
vana
la lavadora
pračka
el vaso
sklenička
el grifo
kohoutek
las baldosas
obkladačky
el orinal
nočník
el lavabo
umyvadlo

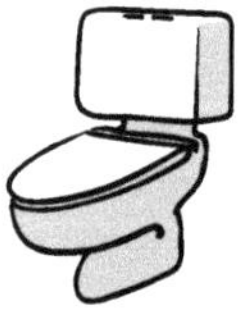

el inodoro
....
záchod

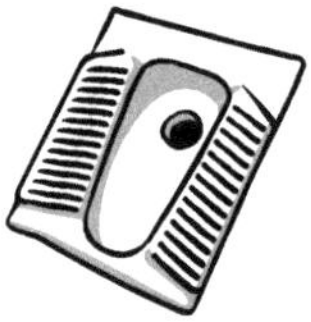

el inodoro rústico
....
turecký záchod

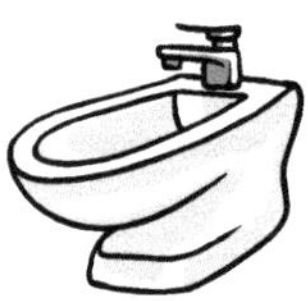

el bidé
....
bidet

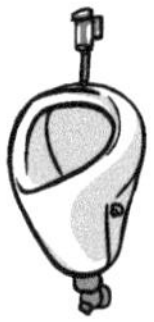

el urinario
....
pisoár

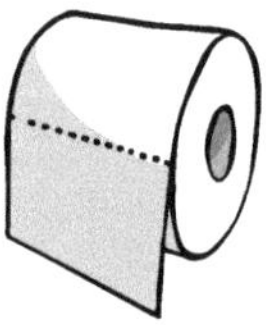

el papel higiénico
....
toaletní papír

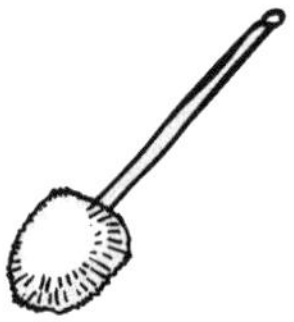

la escobilla del váter
....
záchodová štětka

el cepillo de dientes

zubní kartáček

la pasta de dientes

zubní pasta

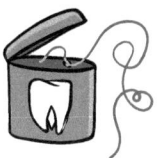

el hilo dental

zubní niť

lavar

mýt

la ducha de mano

ruční sprcha

la ducha íntima

intimní sprcha

la pila

umyvadlo

el cepillo de espalda

kartáč na záda

el jabón

mýdlo

el gel de ducha

sprchový gel

el champú

šampón

la toallita

žínka

el desagüe

odpad

la crema

krém

el desodorante

deodorant

el espejo
zrcadlo

el espejo de tocador
kosmetické zrcátko

la maquinilla de afeitar
holicí strojek

la espuma de afeitar
pěna na holení

la loción postafeitado
voda po holení

el peine
hřeben

el cepillo
kartáč

el secador
fén

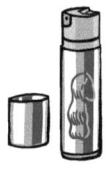

la laca
lak na vlasy

el maquillaje
makeup

el pintalabios
rtěnka

el pintauñas
lak na nehty

el algodón
vata

el cortauñas
nůžky na nehty

el perfume
parfém

el estuche de viaje

ška s toaletními potřebami

la banqueta

stolička

la balanza

váha

el albornoz

župan

los guantes de goma

gumové rukavice

el tampón

tampón

la compresa

dámská vložka

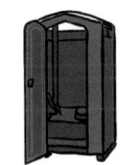

el inodoro químico

chemická toaleta

la habitación de los niños
dětský pokoj

el despertador
budík
el peluche
plyšová hračka
el coche de juguete
autíčko
el sonajero
chrastítko
la casa de muñecas
domeček pro panenky
el regalo
dárek

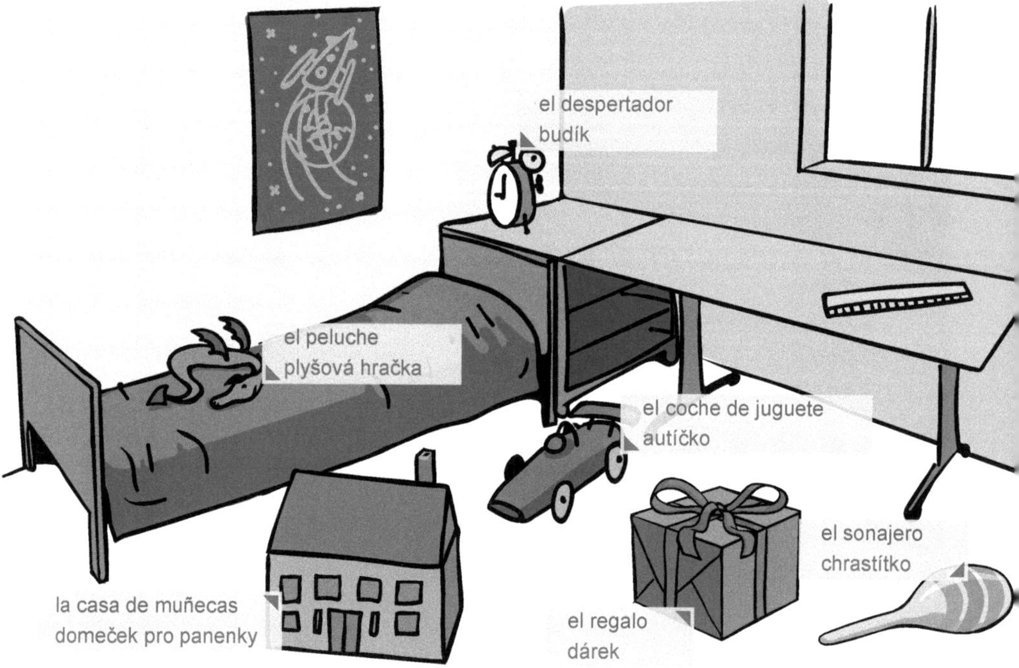

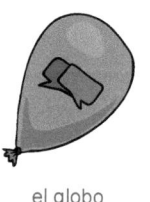

el globo

balón

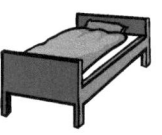

la cama

postel

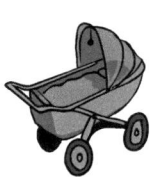

el coche de niño

kočárek

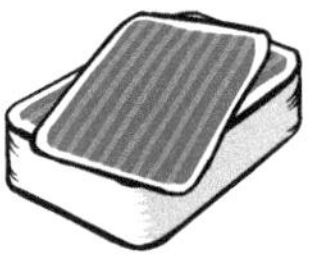

los naipes

balíček karet

el puzle

puzzle

SUPER
MEGA

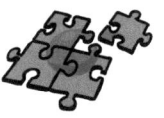

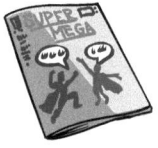

el tebeo

komiks

las piezas de lego

lego kostky

los bloques de juguete

stavebnice

la figura de acción

akční figurka

el bodi (de bebé)

dupačky

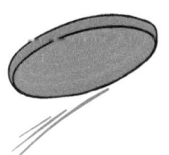

el frisbee

frisbee

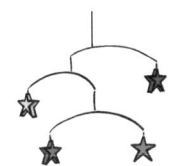

el colgador móvil para bebés

závěsné hračky nad postýlku

el juego de mesa

desková hra

los dados

kostky

el circuito de tren eléctrico

modelová železnice

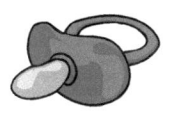

el maniquí

dudlík

la fiesta

oslava

el álbum de fotos

obrázková kniha

la pelota

míč

la muñeca

panenka

jugar

hrát si

el cajón de arena

pískoviště

el columpio

houpačka

los juguetes

hračky

la videoconsola

hrací konzole

el triciclo

tříkolka

el oso de peluche

medvídek

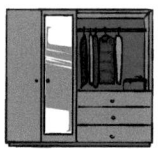

la guardarropa

šatník

la ropa
oblečení

los calcetines

ponožky

las medias

punčochy

los leotardos

punčochové kalhoty

la bufanda
šála

el paraguas
deštník

la camiseta
tričko

el cinturón
pásek

las botas
kozačky

las zapatillas
domácí obuv

las deportivas
tenisky

las sandalias
....
sandály

los zapatos
....
obuv

las botas de goma
....
holínky

el slip
....
spodní prádlo

el sostén
....
podprsenka

el chaleco
....
nátělník

el bodi

body

los pantalones cortos

kalhoty

los vaqueros

džíny

la falda

sukně

la blusa

blůza

la camisa

košile

el jersey

svetr

el suéter

mikina

el blazer

blejzr

la chaqueta

bunda

el abrigo

kabát

la gabardina

pláštěnka

el traje

kostým

el vestido

šaty

el vestido de novia

svatební šaty

el traje
oblek

el camisón
noční košile

el pijama
pyžamo

el sati
sárí

el bandana
šátek na hlavu

el turbante
turban

la burka
burka

el caftán
kaftan

la abaya
abája

el traje de baño
plavky

el bañador
pánské plavky

los pantalones cortos
kraťasy

el chándal
teplaková souprava

el delantal
zástěra

los guantes
rukavice

el botón

knoflík

las gafas

brýle

el brazalete

náramek

el collar

náhrdelník

el anillo

prsten

el pendiente

náušnice

la gorra

čepice

la percha

ramínko

el sombrero

klobouk

la corbata

kravata

la cremallera

zip

el casco

helma

los tirantes

kšandy

el uniforme

školní uniforma

el uniforme

uniforma

el babero

bryndák

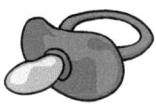

el maniquí

dudlík

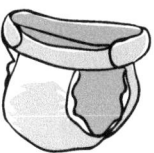

el pañal

plena

la oficina
kancelář

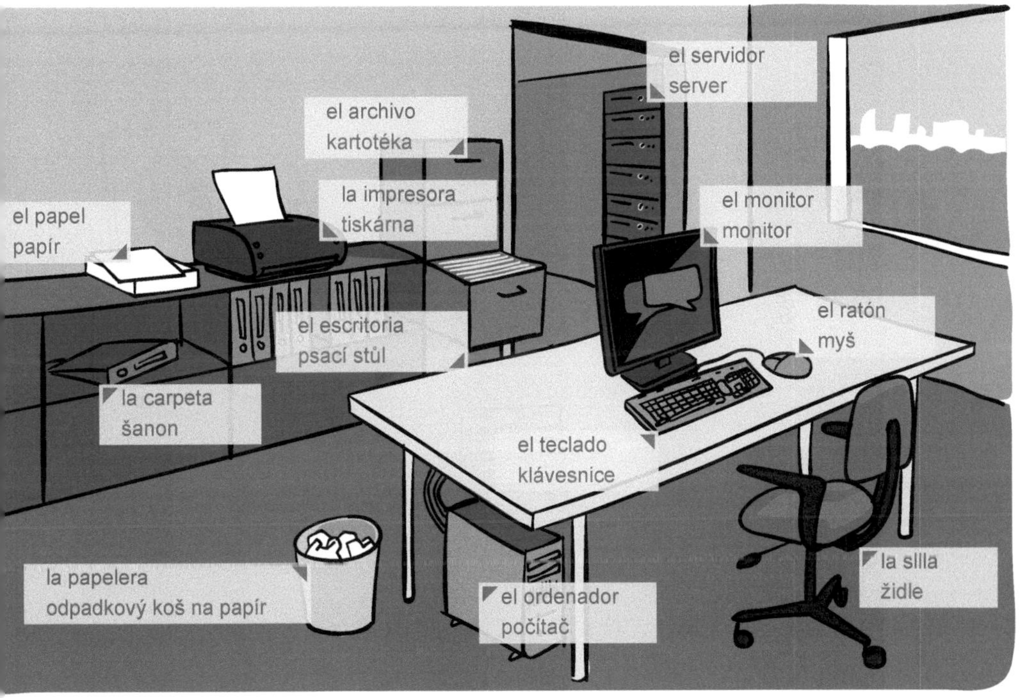

el servidor
server

el archivo
kartotéka

la impresora
tiskárna

el papel
papír

el monitor
monitor

el escritoria
psací stůl

el ratón
myš

la carpeta
šanon

el teclado
klávesnice

la papelera
odpadkový koš na papír

la silla
židle

el ordenador
počítač

la taza de café

hrnek na kávu

la calculadora

kalkulačka

el internet

internet

el portátil

notebook

la carta

dopis

el mensaje

zpráva

el móvil

mobil

la red

síť

la fotocopiadora

kopírka

el software

software

el teléfono

telefon

la toma de corriente

zásuvka

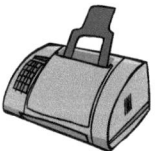

el fax

fax

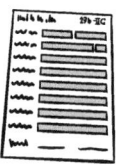

el formulario

formulář

el documento

dokument

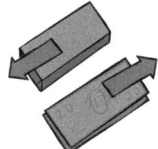

comprar
nakupovat

pagar
zaplatit

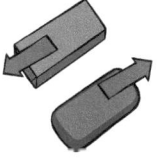

comerciar
jednat

el dinero
peníze

el dólar
dolar

el euro
euro

el yen
jen

el rublo
rubl

el franco suizo
frank

el renminbi yuan
juan

la rupia
rupie

el cajero automático
bankomat

la oficina de cambio de divisas
....
směnárna

el oro
....
zlato

la plata
....
stříbro

el petróleo
....
olej

la energía
....
energie

el precio
....
cena

el contrato
....
smlouva

el impuesto
....
daň

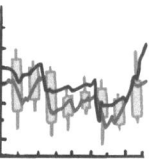

la acción
....
akcie

trabajar
....
pracovat

el empleador
....
zaměstnanec

el empleador
....
zaměstnavatel

la fábrica
....
továrna

la tienda de campaña
....
obchod

los oficios
povolání

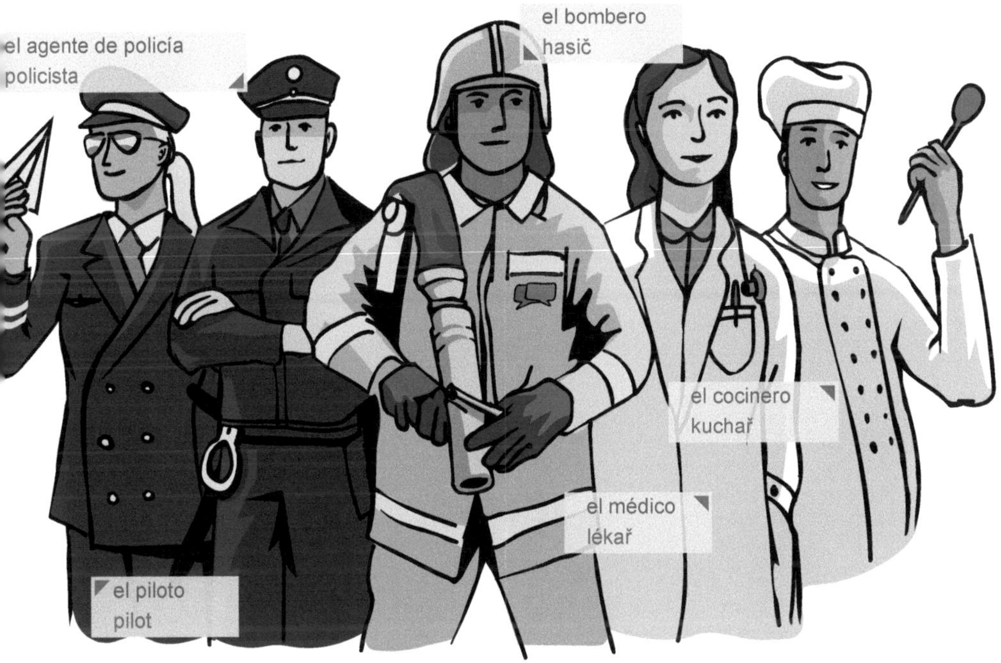
el agente de policía
policista
el bombero
hasič
el cocinero
kuchař
el médico
lékař
el piloto
pilot

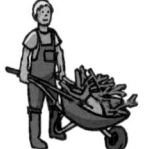

el jardinero

zahradník

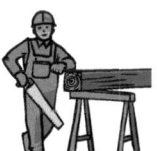

el carpintero

truhlář

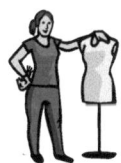

la costurera

švadlena

el juez

soudce

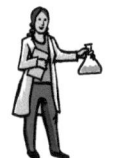

el farmacéutico

chemik

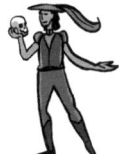

el actor

herec

el conductor de autobús

řidič autobusu

el taxista

řidič taxi

el pescador

rybář

la señora de la limpieza

uklízečka

el techador

pokrývač

el camarero

číšník

el cazador

myslivec

el pintor

malíř

el panadero

pekař

el electricista

elektrikář

el obrero

stavební dělník

el ingeniero

inženýr

el carnicero

řezník

el fontanero

klempíř

el cartero

listonoš

el soldado

voják

el arquitecto

architekt

el cajero

pokladní

el florista

florista

el peluquero

kadeřník

el revisor

průvodčí

el mecánico

mechanik

el capitán

kapitán

el dentista

zubař

el científico

vědec

el rabino

rabín

el imán

imám

el monje

mnich

el sacerdote

duchovní

las herramientas
nářadí

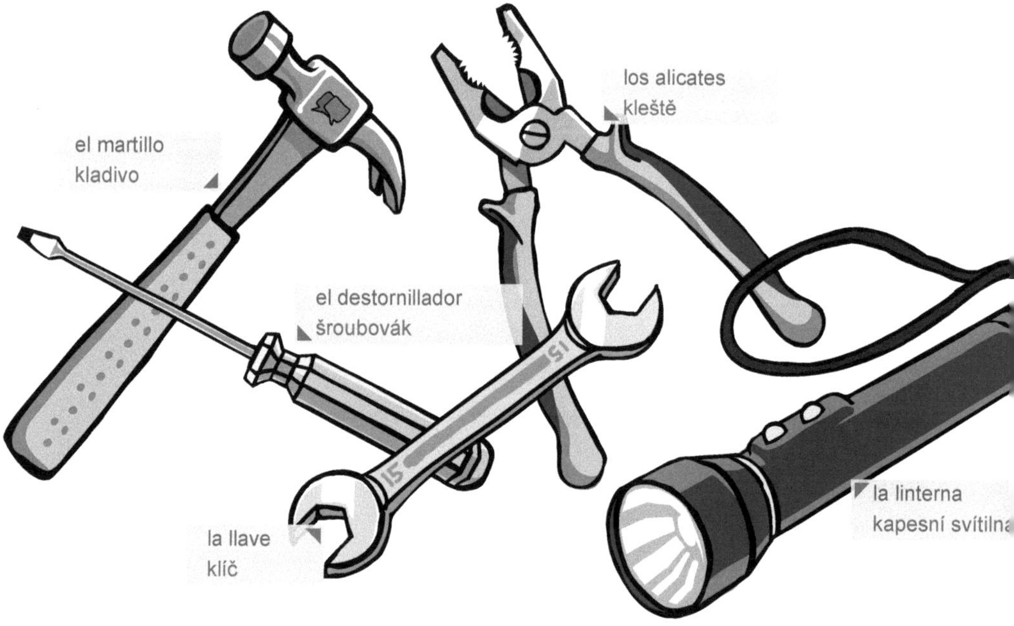

el martillo
kladivo
los alicates
kleště
el destornillador
šroubovák
la llave
klíč
la linterna
kapesní svítiln

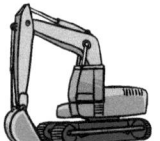

la excavadora

bagr

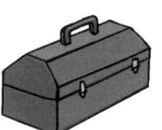

la caja de herramientas

skříň na nářadí

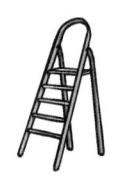

la escalera de mano

žebřík

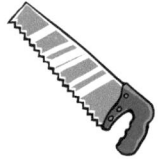

la sierra

pila

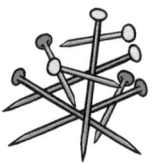

los clavos

hřebíky

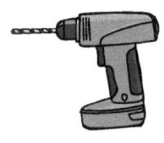

el taladro

vrtačka

reparar
opravit

la pala
lopata

¡Maldita sea!
Kurva!

el recogedor
lopatka

el bote de pintura
vědroé na barvu

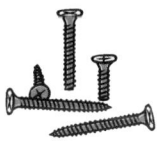

los tornillos
šrouby

los instrumentos musicales
hudební nástroje

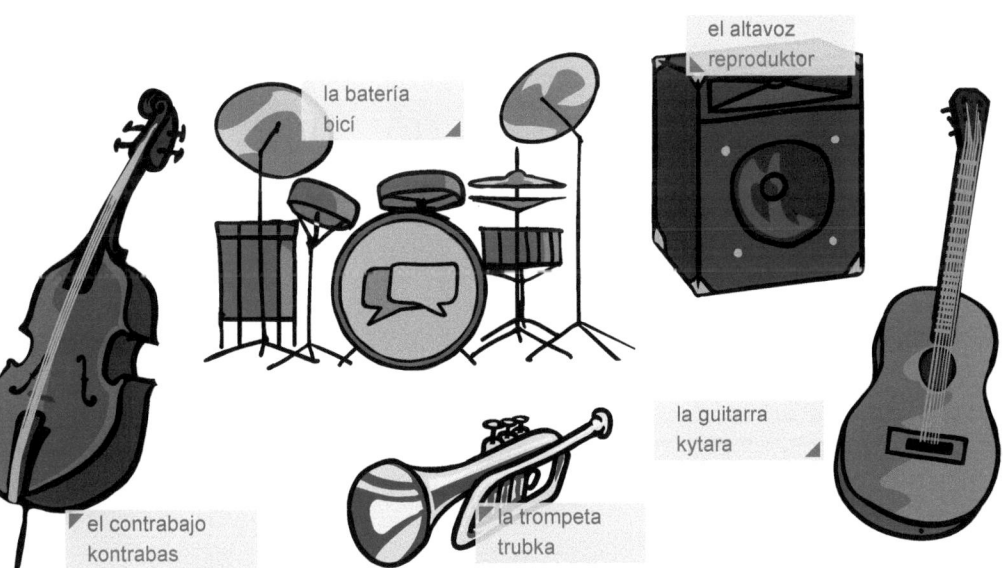

el altavoz
reproduktor

la batería
bicí

la guitarra
kytara

el contrabajo
kontrabas

la trompeta
trubka

el piano

klavír

el violín

housle

bajo

basa

los timbales

tympán

el tambor

bubny

el teclado

keyboard

el saxofón

saxofon

la flauta

flétna

el micrófono

mikrofon

el tigre
tygr

la entrada
vstup

la jaula
klec

la cebra
zebra

el pienso
krmivo pro zvířata

el panda
panda

los animales

zvířata

el elefante

slon

el canguro

klokan

el rinoceronte

nosorožec

el gorila

gorila

el oso

medvěd

el camello

velbloud

el avestruz

pštros

el león

lev

el mono

opice

el flamingo

plameňák

el loro

papoušek

el oso polar

lední medvěd

el pingüino

tučňák

el tiburón

žralok

el pavo real

páv

la serpiente

had

el cocodrilo

krokodýl

el guardián de zoológico

ošetřovatel zvířat

la foca

tuleň

el jaguar

jaguár

el poni

poník

el leopardo

leopard

el hipopótamo

hroch

la jirafa

žirafa

el águila

orel

el jabalí

divoké prase

el pescado

ryby

la tortuga

želva

la morsa

mrož

el zorro

liška

la gacela

gazela

el fútbol americano
americký fotbal

el ciclismo
cyklistika

el tenis
tenis

el baloncesto
košíková

la natación
plavání

el boxeo
box

el hockey sobre hielo
lední hokej

el fútbol

kopaná

el bádminton

badminton

el atletismo

lehká atletika

el balonmano

házená

el esquí

běh na lyžích

el polo

vodní pólo

reír
smát se

saltar
skočit

abrazar
objímat

caminar
jít

cantar
zpívat

soñar
snít

rezar
modlit se

besar
políbit

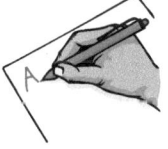

escribir

psát

dibujar

kreslit

mostrar

ukazovat

empujar

tlačit

dar

dát

tomar

vzít si

tener
....
mít

hacer
....
dělat

ser
....
být

estar de pie
....
stát

correr
....
běhat

tirar
....
táhnout

tirar
....
hodit

caer
....
padat

yacer
....
ležet

esperar
....
čekat

llevar
....
nosit

estar sentado
....
sedět

vestirse
....
oblékat

dormir
....
spát

despertar
....
vzbudit se

las actividades - aktivity

mirar

prohlédnout si

llorar

plakat

acariciar

pohladit

peinar

česat

hablar

hovořit

entender

rozumět

preguntar

ptát se

escuchar

slyšet

beber

pít

comer

jíst

ordenar

uklidit

amar

milovat

cocinar

vařit

conducir

jet

volar

letět

navegar

plachtit

calcular

počítat

leer

číst

aprender

učit se

trabajar

pracovat

casarse

vzít si

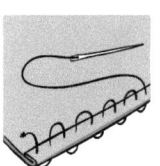

coser

šít

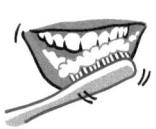

cepillarse los dientes

čistit si zuby

matar

zabít

fumar

kouřit

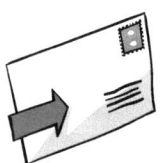

enviar

poslat

la familia
rodina

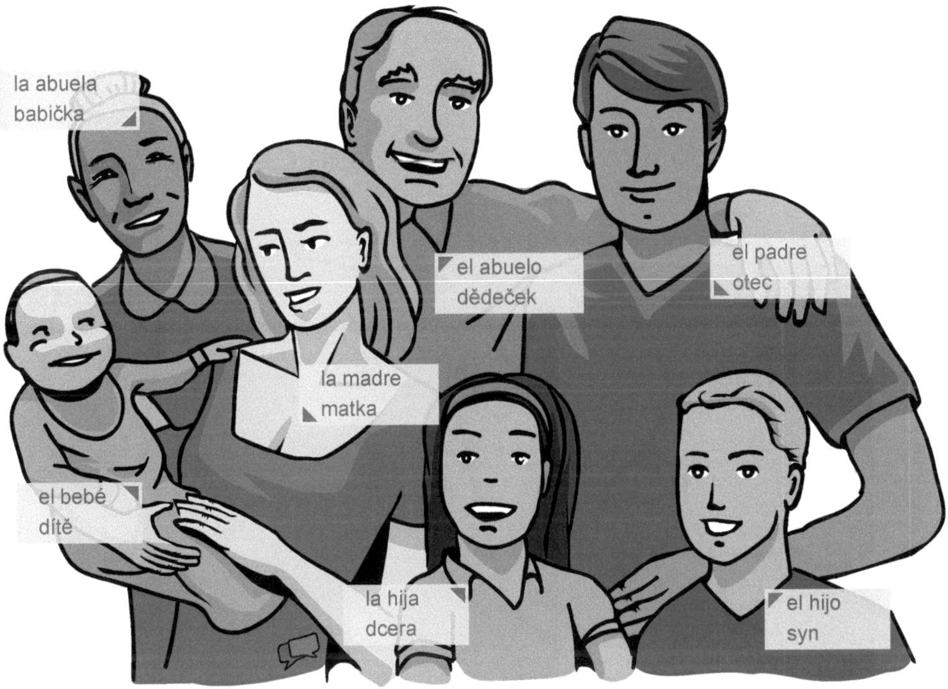
la abuela
babička
el abuelo
dědeček
el padre
otec
la madre
matka
el bebé
dítě
la hija
dcera
el hijo
syn

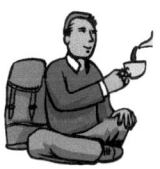

el invitado
host

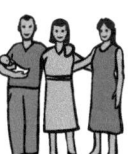

la tía
teta

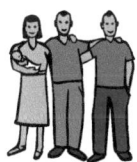

el tío
strýc

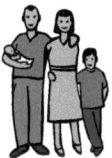

el hermano
bratr

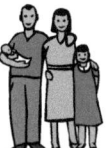

la hermana
sestra

el cuerpo
tělo

la frente
čelo
el ojo
oko
el hombro
rameno
el dedo
prst
la cara
obličej
la barbilla
brada
la mano
ruka
la pierna
dolní končetina
el pecho
hruď
el brazo
paže

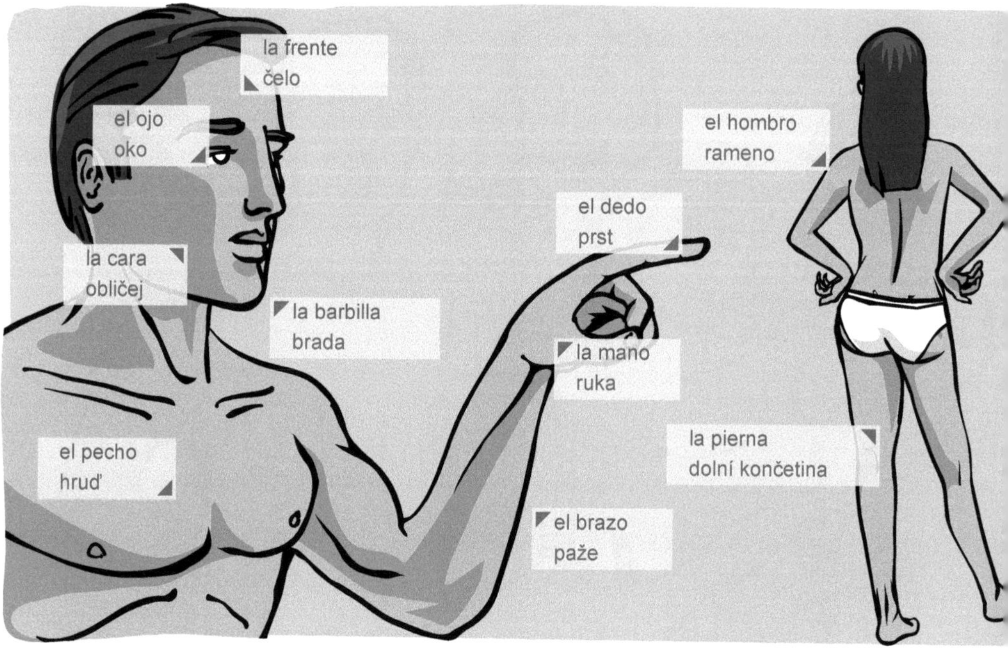

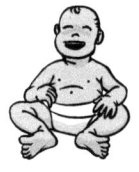

el bebé

dítě

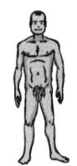

el hombre

muž

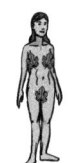

la mujer

žena

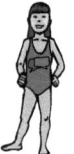

la chica

dívka

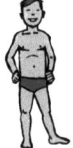

el chico

chlapec

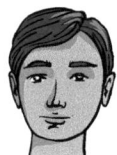

la cabeza

hlava

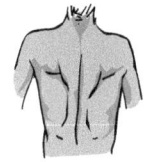

la espalda

záda

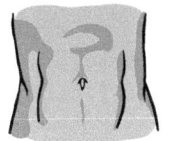

el vientre

břicho

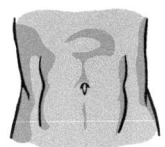

el ombligo

pupík

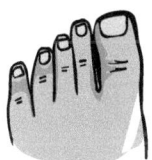

el dedo del pie

prst na noze

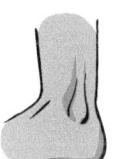

el talón

pata

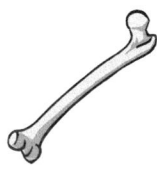

el hueso

kost

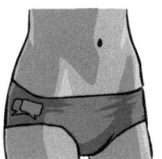

la cadera

bok

la rodilla

koleno

el codo

loket

la nariz

nos

el trasero

zadek

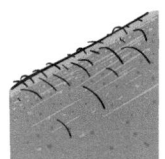

la piel

kůže

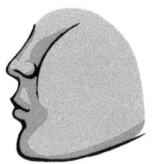

la mejilla

tvář

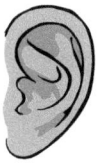

el oído

ucho

el labio

ret

la boca

ústa

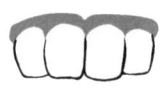

el diente

zub

la lengua

jazyk

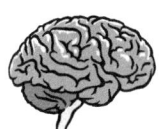

el cerebro

mozek

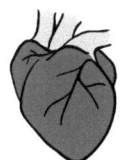

el corazón

srdce

el músculo

sval

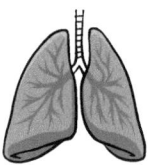

el pulmón

plíce

el hígado

játra

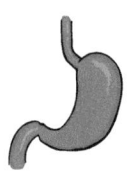

el estómago

žaludek

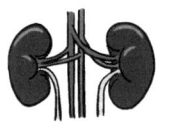

los riñones

ledviny

el sexo

pohlavní styk

el condón

kondom

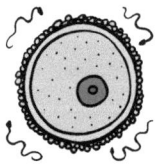

el ovario

vajíčko

el semen

sperma

el embarazo

těhotenství

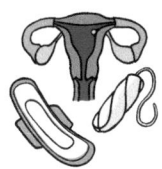

la menstruación

menstruace

la vagina

vagina

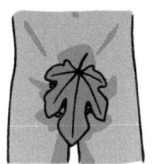

el pene

penis

la ceja

obočí

el pelo

vlasy

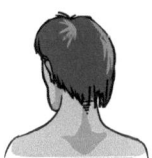

el cuello

krk

el hospital
nemocnice

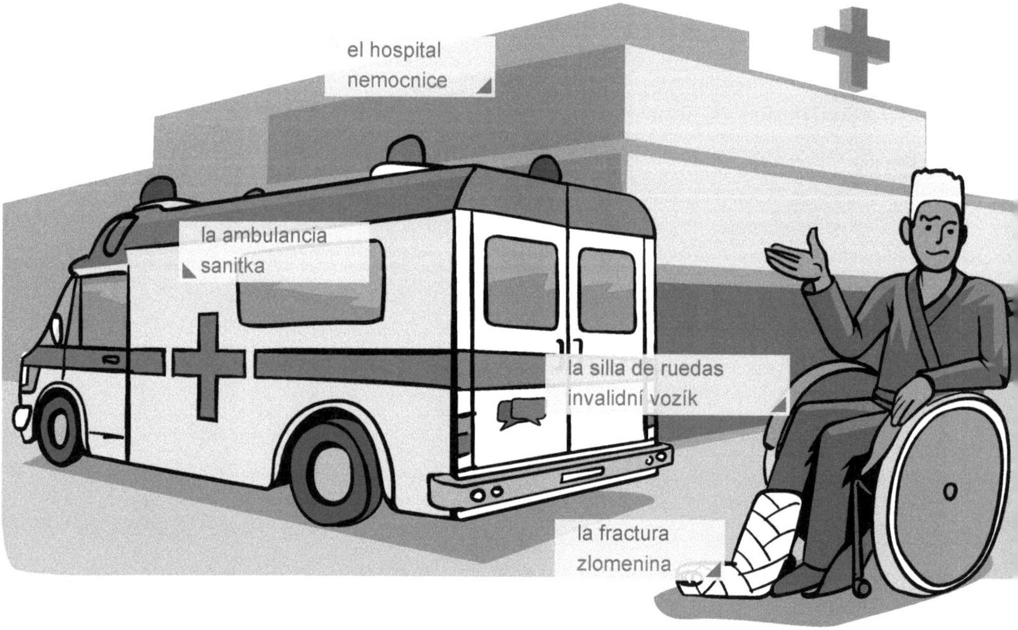

el hospital
nemocnice
la ambulancia
sanitka
la silla de ruedas
invalidní vozík
la fractura
zlomenina

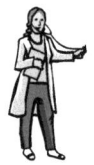

el médico

lékař

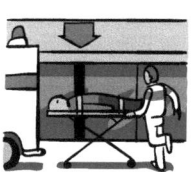

la sala de urgencias

pohotovost

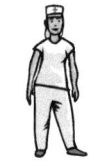

la enfermera

zdravotní sestra

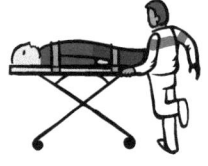

la urgencia

urgentní případ

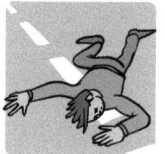

inconsciente

v bezvědomí

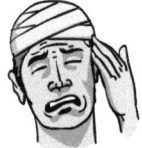

el dolor

bolest

la lesión

úraz

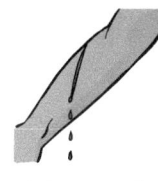

la hemorragia

krvácení

el infarto

infarkt myokardu

el ictus

cévní mozková příhoda

la alergia

alergie

la tos

kašel

la fiebre

horečka

la gripe

chřipka

la diarrea

průjem

el dolor de cabeza

bolest hlavy

el cáncer

rakovina

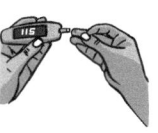

la diabetes

cukrovka

el cirujano

chirurg

el bisturí

skalpel

la operación

operace

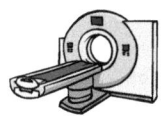

TAC
CT

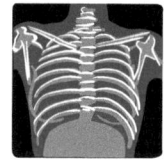

los rayos x
rentgen

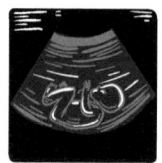

el ultrasonido
ultrazvuk

la mascarilla
maska

la enfermedad
nemoc

la sala de espera
čekárna

la muleta
berle

la tirita
náplast

la venda
obvaz

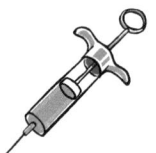

la inyección
injekce

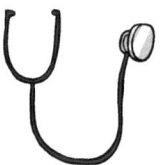

el estetoscopio
stetoskop

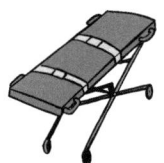

la camilla
nosítka

el termómetro
teploměr

el nacimiento
porod

el sobrepeso
nadváha

el audífono

naslouchátko

el desinfectante

dezinfekční prostředek

la infección

infekce

el virus

virus

VIH / SIDA

HIV / AIDS

la medicina

lékařství

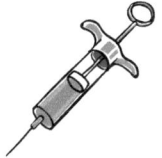

la vacunación

očkování

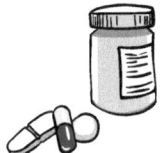

las tabletas

tablety

la pastilla

pilulka

la llamada de urgencia

tísňové volání

el tensiómetro

tonometr

enfermo / sano

nemocný / zdravý

¡Socorro!

Pomoc!

la alarma

poplach

el asalto

přepadení

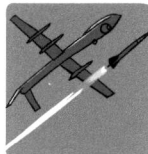

el ataque

napadení

el peligro

nebezpečí

la salida de emergencia

nouzový východ

¡Fuego!

Hoří!

el extintor de incendios

hasicí přístroj

el accidente

nehoda

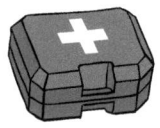

el botiquín de primeros auxilios

zdravotnická brašna

SOS

SOS

la policía

policie

Europa

Evropa

Norteamérica

Severní Amerika

Sudamérica

Jižní Amerika

África

Afrika

Asia

Asie

Australia

Austrálie

el atlántico

Atlantik

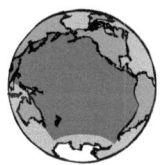

el Pacífico

Pacifik

el Océano Índico

Indický oceán

el Océano Antártico

Jižní ledový oceán

el Océano Ártico

Severní ledový oceán

el polo norte

severní pól

el polo sur

jižní pól

La Antártida

Antarktida

la tierra

země

la tierra

pevnina

el mar

moře

la isla

ostrov

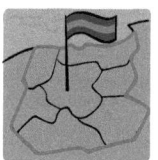

la nación

národ

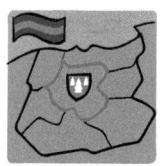

el estado

stát

la esfera

ciferník

la manecilla de las horas

hodinová ručička

el minutero

minutová ručička

el segundero

vteřinová ručička

¿Qué hora es?

Kolik je hodin?

el día

den

el tiempo

čas

ahora

teď

el reloj digital

digitální hodinky

el minuto

minuta

la hora

hodina

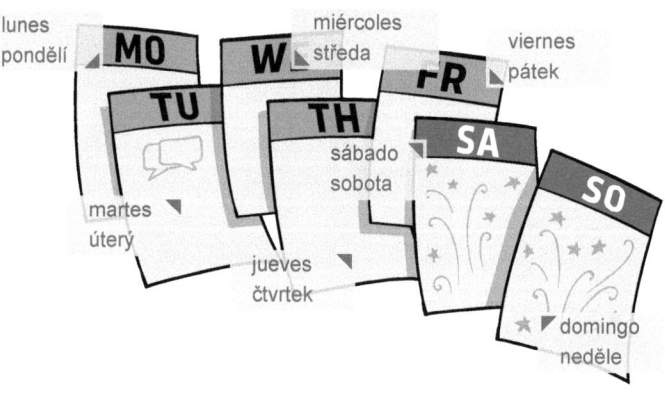

lunes
pondělí

MO

W
miércoles
středa

viernes
pátek

FR

TU

TH

sábado
sobota

SA

martes
úterý

SO

jueves
čtvrtek

domingo
neděle

ayer

včera

hoy

dnes

mañana

zítra

la mañana

ráno

el mediodía

poledne

la tarde

večer

MO	TU	WE	TH	FR	SA	SU
1	2	3	4	5	6	7
8	9	10	11	12	13	14
15	16	17	18	19	20	21
22	23	24	25	26	27	28
29	30	31	1	2	3	4

los días laborables

pracovní dny

MO	TU	WE	TH	FR	SA	SU
1	2	3	4	5	6	7
8	9	10	11	12	13	14
15	16	17	18	19	20	21
22	23	24	25	26	27	28
29	30	31	1	2	3	4

el fin de semana

víkend

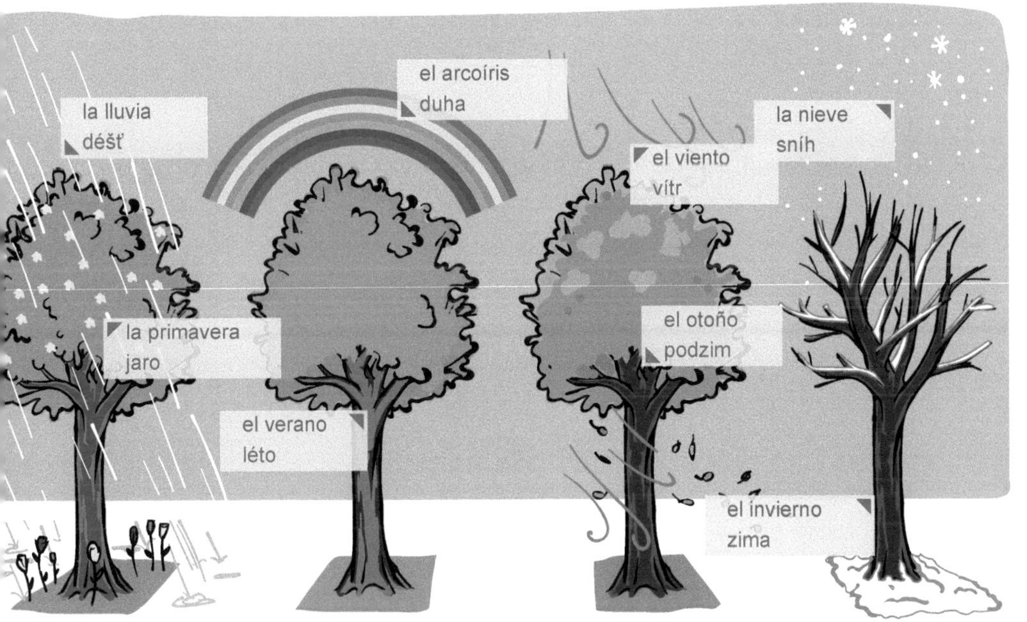

la lluvia
déšť

el arcoíris
duha

el viento
vítr

la nieve
sníh

la primavera
jaro

el otoño
podzim

el verano
léto

el invierno
zima

4.APRIL	11°
5.APRIL	4°
6.APRIL	13°
7.APRIL	8°
8.APRIL	10°

el pronóstico del tiempo

předpověď počasí

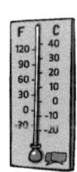

el termómetro

teploměr

el sol

sluneční svit

la nube

mrak

la niebla

mlha

la humedad

vlhkost

el rayo

blesk

el trueno

hrom

la tormenta

bouřka

el granizo

kroupy

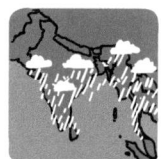

el monzón

monzun

la inundación

povodeň

el hielo

led

enero

leden

febrero

únor

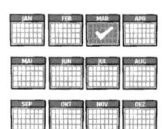

marzo

březen

abril

duben

mayo

květen

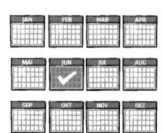

junio

červen

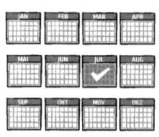

julio

červenec

agosto

srpen

el año - rok

septiembre
....
září

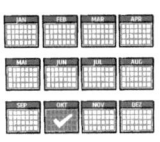

octubre
....
říjen

noviembre
....
listopad

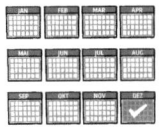

diciembre
....
prosinec

las formas
tvary

el círculo
....
kruh

el cuadrado
....
čtverec

el rectángulo
....
obdélník

el triángulo
....
trojúhelník

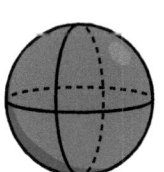

la esfera
....
koule

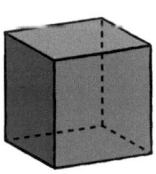

el cubo
....
krychle

colores
barvy

blanco
....
bílá

amarillo
....
žlutá

anaranjado
....
oranžová

rosa
....
růžová

rojo
....
červená

morado
....
fialová

azul
....
modrá

verde
....
zelená

marrón
....
hnědá

gris
....
šedá

negro
....
černá

mucho / poco

hodně / málo

enojado / tranquilo

rozzuřený / mírumilovný

bonito / feo

krásný / ošklivý

principio / fin

začátek / konec

grande / pequeño

velký / malý

claro / oscuro

světlý / tmavý

el hermano / la hermana

bratr / sestra

limpio / sucio

čistý / špinavý

completo / incompleto

úplný / neúplný

el día / la noche

den / noc

muerto / vivo

mrtvý / živý

ancho / estrecho

široký / úzký

comestible / no comestible

jedlý / nejedlý

malo / amable

zlý / hodný

entusiasmado / aburrido

vzrušený / znuděný

gordo / delgado

tlustý / hubený

primero / último

nejdříve / naposledy

el amigo / el enemigo

přítel / nepřítel

lleno / vacío

plný / prázdný

duro / blando

tvrdý / měkký

pesado / ligero

těžký / lehký

el hambre / la sed

hlad / žízeň

enfermo / sano

nemocný / zdravý

ilegal / legal

ilegální / legální

inteligente / tonto

inteligentní / hloupý

izquierda / derecha

vlevo / vpravo

cerca / lejos

blízko / daleko

nuevo / usado

nový / použitý

nada / algo

nic / něco

viejo / joven

starý / mladý

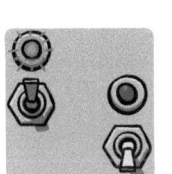

encendido / apagado

zapnutý / vypnutý

abierto / cerrado

otevřeno / zavřeno

silencioso / ruidoso

tichý / hlasitý

rico / pobre

bohatý / chudý

correcto / incorrecto

správný / špatný

áspero / suave

drsný / hladký

triste / contento

smutný / šťastný

corto / largo

krátký / dlouhý

lento / rápido

pomalý / rychlý

húmedo / seco

vlhký / suchý

cálido / frío

teplý / chladný

guerra / paz

válka / mír

čísla

0

cero

nula

1

uno

jedna

2

dos

dva

3

tres

tři

4

cuatro

čtyři

5

cinco

pět

6

seis

šest

7

siete

sedm

8

ocho

osm

9

nueve

devět

10

diez

deset

11

once

jedenáct

12

doce

dvanáct

13

trece

třináct

14

catorce

čtrnáct

15

quince

patnáct

16

dieciséis

šestnáct

17

diecisiete

sedmnáct

18

dieciocho

osmnáct

19

diecinueve

devatenáct

20

veinte

dvacet

100

cien

sto

1.000

mil

tisíc

1.000.000

el millón

milion

el inglés

angličtina

el inglés americano

americká angličtina

el chino madarín

standardní čínština

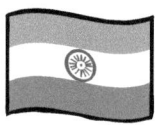

el hindi

hindština

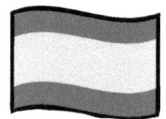

el español

španělština

el francés

francouzština

el árabe

arabština

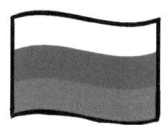

el ruso

ruština

el portugués

portugalština

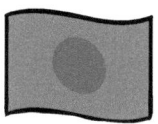

el bengalí

bengálština

el alemán

němčina

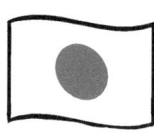

el japonés

japonština

yo

já

tú

ty

él / ella / ello

on / ona / ono

nosotros/as

my

vosotros/as

vy

ellos/as

oni

¿quién?

Kdo?

¿qué?

Co?

¿cómo?

Jak?

¿dónde?

Kde?

¿cuándo?

Kdy?

el nombre

jméno

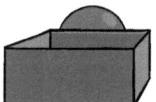

detrás

za

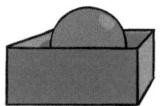

en

do

delante de

z

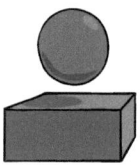

por encima de

nad

sobre

na

debajo de

mezi

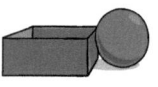

junto a

vedle

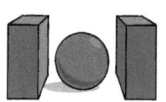

entre

mezi

el lugar

místo